A2

Deutsch

Anne Schieckel

Alarm in der Klima-AG

LEKTÜRE FÜR JUGENDLICHE
MIT AUDIOS ONLINE

Hueber Verlag

Cover: © Getty Images/iStock/edb3_16
Illustrationen: Cornelia Seelmann, Berlin

Einen kostenlosen MP3-Download zu diesem Titel finden Sie unter www.hueber.de/audioservice.

Sprecherin: Stefanie Dischinger
Hörproduktion: Scheune München mediaproduction GmbH

3. 2. 1. | Die letzten Ziffern
2028 27 26 25 24 | bezeichnen Zahl und Jahr des Druckes.
Alle Drucke dieser Auflage können, da unverändert, nebeneinander benutzt werden.
1. Auflage

Umschlaggestaltung: Sieveking Agentur, München
Layout und Satz: Sieveking Agentur, München
Verlagsredaktion: Heike Birner, Cornelia Kentmann, Hueber Verlag, München
Druck und Bindung: Friedrich Pustet GmbH & Co. KG, Regensburg
Printed in Germany
ISBN 978-3-19-668580-0

Art. 530_30754_001_01

Inhalt

Das Hörbuch zur Lektüre und die Tracks zu den Übungen stehen als kostenloser Download bereit unter www.hueber.de/audioservice.

Wer ist wer?

Mia, sechzehn, lebt mit ihrem Zwillingsbruder Jonas in Oberfuchstal. Dort besuchen die Geschwister als Tagesschüler das Sportinternat. Mia ist schon seit vier Jahren in der Jugendgruppe der Bergwacht aktiv. Mia möchte gern Lillys Freundin werden.

Jonas, Mias Zwillingsbruder, hat sich als Juniorenmeister im Skispringen einen Namen gemacht. Skitouren gehören aber nicht unbedingt zu den Dingen, die er im Wintersport am liebsten mag. Jonas findet Lilly auch cool.

Liv, fünfzehn, kommt aus Schweden. Sie ist für ein Austauschjahr am Sportinternat in Oberfuchstal. Liv ist Expertin im Biathlon. Sie steht auf Jonas.

Lilly, fünfzehneinhalb, kommt aus Südtirol. Die fröhliche Norditalienerin ist seit einem Jahr im Sportinternat. Sie hat viel Energie und liebt das Trickskifahren.

---

das Internat: Schule, in der die Schüler auch wohnen

die Bergwacht: rettet Menschen, die in den Bergen Hilfe brauchen

auf jemanden stehen: eine Person ganz toll finden

Chris, sechzehn, kommt aus Kanada. Dort hat er bis vor fünf Jahren gewohnt. Chris fährt am besten von den fünf Jugendlichen Ski und skatet, so oft er kann. Schnee- und Lawinenkunde, besonders der Schneedeckenaufbau, sind sein Hobby.

Toni Berger ist Biologielehrer und Bergretter. Er ist im Umweltschutz aktiv. Toni Berger leitet das Klima-Projekt am Sportinternat Oberfuchstal.

Iris Brender unterrichtet als Physiklehrerin am Sportgymnasium Natur und Technik.

die Lawine: viel Schnee, der vom Berg herunterkommt

Lawinenkunde: Informationen über Lawinen

der Schneedeckenaufbau: → S. 19

das Klima: das Wetter in einer Region

01

Kapitel 1: Keine Pause für Mia

Montagmorgen in Oberfuchstal. Die kleine Stadt an den Allgäuer Alpen liegt im Osten vom Bodensee.

Jonas kommt zu Mia in die Küche. Er nimmt sich einen Apfel.

Hey Sis, gut geschlafen?

Geht so. Gestern war wieder Übungstreffen.

Bergwachttraining? Am Sonntag?

Mia macht gerade Tee. Sie stellt ihrem Bruder eine Tasse vor die Nase. Erst mal wach werden.

Na klar, wann denn sonst? Am Sonntag können doch alle. War total cool.

Und, welches Programm war dran?

Rettung nach Lawinenabgang.

Echt? Und, habt ihr alle gefunden?

Du meinst, die Leute geortet? Ja, klar!

Krass! Wieder mal Rettung in letzter Minute?

Ganz genau.

Mia schaut auf die Uhr. Sie isst ihr Müsli auf. Dann nimmt sie sich eine Banane. Jonas legt sie auch eine Banane und einen Müsliriegel hin.

Du musst vor der Schule was Richtiges essen.

Ist ja gut, Mami!

---

der Lawinenabgang: eine Lawine rutscht vom Berg ins Tal

orten: eine Person mit GPS-Signal finden

Zehn Minuten später sind sie unterwegs. Die internationale Sportschule liegt am anderen Ende von Oberfuchstal. Mia und Jonas sind die einzigen Tagesschüler der 10. Klasse. Alle anderen wohnen dort im Internat.

Tagesschüler: Schüler/innen, die auf ein Internat gehen, aber zu Hause wohnen

Kapitel 2: Treffen der Klima-AG

Montagvormittag im Natur und Technik-Raum. Die fünf Mitglieder der Klima-AG warten. Nur die Lehrer fehlen noch.

Iris Brender ist ihre Physiklehrerin. Toni Berger ist Biologielehrer und Bergretter. Heute wollen sie über das Klima-Projekt sprechen. Dann, eine halbe Stunde später, geht die Tür auf.

---

die AG: die Arbeitsgemeinschaft, Gruppe

gespannt sein: neugierig sein

der Lehrplan: Unterrichtsplan

Und das wird auch Thema unserer Projektwoche sein.

Genauer gesagt, der Aufbau der Schneedecke.

Deshalb machen wir eine zweitägige Exkursion zur Fuchshütte.

Die Klima-AG ist begeistert. „Ui, toll, ein Ausflug.“, „Das wird sicher ein Spaß.“ und „Wann geht es los?“ hört man aus der Gruppe.

Morgen. Wartet, ich bin noch nicht fertig. Auf dem Berg werdet ihr die Schneedecke messen. Und die Ergebnisse ...

... sind dann das Thema für eure Jahresarbeit. Wir treffen uns morgen um 8.45 Uhr an der Bergbahn.

Super. Lilly und ich in einem Team ...

die Hütte: Haus in den Bergen, Skifahrer/innen und Bergsteiger/innen können dort Pause machen und auch übernachten

Mit Chris wird das bestimmt super.

Mit Jonas auf die Hütte. Klasse.

Exkursion zur Fuchshütte

Ihr braucht:

- Kleidung
- Bettwäsche
- Handtuch
- Waschsachen
- Hausschuhe oder dicke Socken
- Taschenlampe
- Spiele (bitte absprechen: Wer nimmt welches Spiel mit?)

die Taschenlampe: eine kleine Lampe mit Batterie

03 Kapitel 3: Auf zur Fuchsspitze!

Dienstagmorgen an der Talstation. In der Nacht hat es geschneit. Jetzt scheint die Sonne. Das Wetter ist perfekt. Pünktlich um 9.00 Uhr startet die Bergfahrt.

Jonas und Mia setzen sich Lilly gegenüber. Beide möchten gern mit der lustigen Norditalienerin in ein Team. Doch die schaut immer nur Chris an.

Lilly zeigt auf den Sitz neben sich. Chris bekommt das nicht mit. Er steht bei den Lehrern. Sie reden über den Schnee und darüber, wie hoch er dieses Jahr in den Alpen ist. Chris liebt das Klima-Projekt.

Schnell setzt sich Liv auf Chris' Platz. Sie freut sich, dass sie nah bei Jonas sitzen kann. Aber Jonas merkt das gar nicht.

Nach einer halben Stunde erreichen sie den Gipfel. Die Fuchshütte liegt nur wenige Meter neben der Bergstation. Der Hüttenwirt erwartet sie schon.

der Gipfel: höchster Punkt auf einem Berg

der Wirt, die Wirtin: er/sie kümmert sich um die Gäste

Frau Brender hat die Schlafplätze rechtzeitig reserviert, trotzdem ist das Matratzenlager schon voll. So kommt es anders:

Mia, Lilly und Liv ziehen in das eine, Jonas, Chris und der Biolehrer Toni Berger in das andere Dreibettzimmer. Frau Brender bekommt ein Einzelzimmer.

---

das Matratzenlager: großer Schlafraum in einer Hütte

Kapitel 4: Das Projekt

Dienstagmittag.
Den leckeren Kaiserschmarrn zum Mittagessen wird niemand von ihnen so schnell vergessen.

Wenig später findet im Aufenthaltsraum das erste Treffen statt. Frau Brender erklärt der Klima-AG, was sie am Berg genau machen werden. Sie hat ihren Laptop und einen Beamer mitgebracht und stellt den Schülern das Projekt vor.

Hört bitte genau zu! Ihr werdet an drei Messpunkten mit einer Schaufel eine bestimmte Menge Schnee ausheben und dann wiegen. So lassen sich später die einzelnen Schichten der Schneedecke messen.

Und mit was messen wir?

Mit digitaler Technik. Die habe ich dabei.

Cool. Wann geht's los?

---

der Kaiserschmarrn: ein Pfannkuchengericht aus Österreich

der Beamer: ein Gerät, das Bilder vom Computer an der Wand zeigt

Zuerst markiert Frau Brender die Routen. Mia, wiederholst du die wichtigsten Regeln am Berg?

Na, klar. Warme, winddichte Kleidung anziehen. LVS am Anorak festmachen. Walkie-Talkie einpacken. Die Routen nicht verlassen. Also: auf dem Weg und im Team zusammenbleiben.

Prima. Dann stelle ich jetzt noch die Arbeitsgruppen vor.
Team 1: Chris und Lilly, Team 2: Mia und Jonas, Team 3: Liv und ich.

Super, ich bin mit Chris in einem Team. Ob er sich auch freut?

Mia und Jonas sagen nichts.

Vielleicht will Mia ja tauschen? Soll ich sie fragen? Oder will sie lieber mit ihrem Bruder im Team sein?

---

die Route: hier: der Weg in den Bergen

winddicht: es kommt kein Wind durch

das LVS-Gerät: ein Lawinen-Suchgerät, auch Lawinenpiepser genannt

Frau Brender markiert die Routen zu den drei Messpunkten. Weiter oben am Berg sieht sie eine Gruppe Tourengeher. Die Schüler ziehen ihre Schneekleidung an und machen sich bereit.

---

die Tourengeher (Plural):: Leute, die auf Skiern wandern

05

Kapitel 5: Im Schnee

Dienstagnachmittag. Treffpunkt der Klima-AG an Route 1. Das Wetter ist immer noch gut. Toni Berger verteilt an jedes Team eine Schaufel und einen Messstab. Dann erklären die Lehrer die einzelnen Arbeitsschritte.

Zuerst müsst ihr ein Quadrat von 50 x 50 Zentimetern Schnee ausheben.

Dann dreht ihr den Messstab ungefähr einen Meter in den Schnee.

Wichtig ist, dass der Stab innen voll mit Schnee ist.

Dann zieht ihr den Stab vorsichtig aus dem Schnee und bringt ihn zur Messstation.

Und wo ist die?

An der Fuchshütte. Dort wiegt ihr die Schneemenge ab und schreibt den Wert, das Gewicht auf. Später untersuchen wir dann zusammen die einzelnen Schneeschichten.

die Schaufel, der Messstab, die Schneeschichten:
→ S. 19

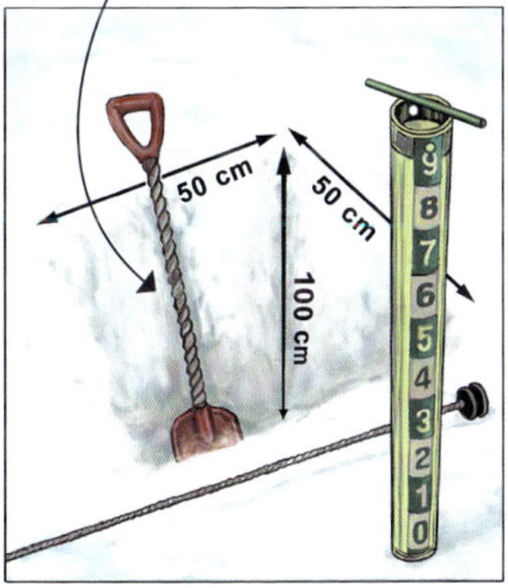
die Schaufel
50 cm
50 cm
100 cm

der Messstab

die Waage

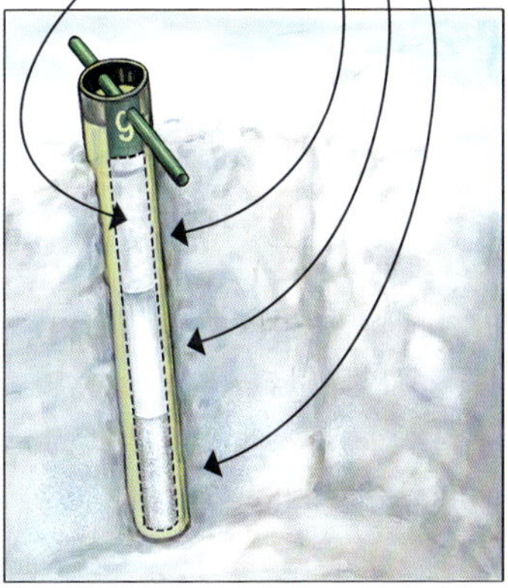
der Neuschnee
die Schneeschichten
der Schneedeckenaufbau

06

Kapitel 6: Alarm!

Die Klima-AG ist mitten bei der Arbeit. Plötzlich schlägt das Wetter um. Es wird neblig. Toni Berger ruft die beiden anderen Teams über sein Walkie-Talkie.

Achtung, Achtung:
Team 1 und 2. Bitte zur Fuchshütte kommen.
Ich wiederhole: Alle sofort zum Treffpunkt.

Mia und Jonas überlegen nicht lange und fahren zum Treffpunkt.

Alle warten auf Team 1. Nichts passiert.

Zweite Ansage an Team 1:
Chris und Lilly! Wo bleibt ihr?
Kommt sofort zur Fuchshütte!

Keine Antwort. Was ist da los?

Die Lehrer stehen zusammen und reden. Jeder kann sehen, dass sie nervös sind.

umschlagen: das Wetter ändert sich plötzlich

Typisch Chris. Der macht, was er will.
Mia, ich fahre sie suchen. Irgendwas ist da.

Spinnst du? Bleib hier! Hast du nicht gehört, was ...

Doch Jonas fährt einfach los. Die anderen merken nichts.

Der Nebel wird immer stärker. Und dann kommt auch noch Wind auf.

Aber Jonas kennt sich aus. Er ist schon als Kind oft in den Bergen gewesen. Zu Messpunkt 1 ist es nicht weit.

Was ist das? Jonas' Herz schlägt schneller. Das kann nicht sein! Lilly und Chris?

Er fährt auf seine Freunde zu. Die beiden scheinen sich wirklich gut zu verstehen. Zu gut, findet Jonas.

Der hat doch einen Arm um Lilly gelegt? Wie die sich ansehen! Küssen die sich etwa gleich?

scheinen: hier: es sieht so aus

Man sieht jetzt kaum noch etwas. Doch Jonas reicht es. Er fährt zur nächsten Almhütte weiter. Dort ist sein Onkel Willy der Wirt. Er wird keine Fragen stellen. Immer noch wütend, schaltet Jonas seinen Lawinenpiepser und das Handy aus. Heute will er mit niemandem mehr sprechen.

Chris und Lilly schaffen es gerade noch zurück zur Fuchshütte. Der Sturm war so stark, dass sie sich aneinander festhalten mussten. Das Walkie-Talkie haben sie nicht gehört, so laut war der Wind.

Kaum sind sie wieder zurück am Treffpunkt, löst sich oben am Berg eine riesige Lawine.

---

die Alm: Wiesen in den Bergen

sich lösen: hier: abbrechen und ins Tal rutschen

riesig: sehr groß

07

Kapitel 7: Wo ist Jonas?

Dienstagabend. Toni Berger informiert seine Kollegen von der Bergwacht. Sie machen sich sofort auf den Weg. Wahrscheinlich haben die Tourengeher die Lawine losgetreten. Das passiert öfter.

Endlich! Gut, dass ihr wieder da seid. Warum habt ihr nicht geantwortet? Wir haben uns solche Sorgen ...

Lilly? Chris? Wo ist mein Bruder?

Keine Ahnung. Wieso?

Jonas wollte euch holen.

Echt? Er ist aber nicht gekommen.

Stimmt. Bei uns war er nicht.

Da stimmt was nicht.
Wartet, ich rufe ihn an.

Das habe ich schon versucht. Nichts. Sein Handy ist aus. Was denkt der sich eigentlich? Wieso ist er einfach losgefahren? Mia!?

Keine Ahnung! Er wollte nach Chris und Lilly schauen. Und sein Piepser? Ist der wenigstens an?

Nein, auch nicht.

Die Bergrettung bereitet ihren Einsatz vor. Ein paar Minuten später sind sie schon auf der Suche nach Jonas.

Die Tourengeher sind in Sicherheit, melden sie wenig später an Toni Berger. Aber an Messpunkt 1 ist niemand. Von Jonas fehlt weiter jede Spur.

Das Wetter wird jetzt immer schlechter. Aus dem Wind wird ein Sturm. Es beginnt stark zu schneien. Auch für die Bergretter wird es zu gefährlich. Sie müssen die Suche nach Jonas abbrechen.

---

abbrechen: hier: unterbrechen

Ganz in ihrer Nähe ist die Almhütte. Dort wollen sie warten, bis sich das Wetter beruhigt hat.

Jonas ist bereits dort. Er sitzt im Gastraum und zählt sein Geld. Viel hat er nicht dabei.

Fünfzehn Euro. Aber für eine Übernachtung und eine heiße Suppe wird es schon reichen. Und wenn nicht, frage ich Onkel Willy.

Draußen ist es jetzt dunkel. Eine Gruppe von Bergrettern kommt herein und setzt sich zwei Tische weiter hin.

Kapitel 8: Erwischt!

Die Bergretterzentrale gibt eine Personenbeschreibung an die Kollegen auf der Almhütte durch.

Gesucht wird ein Schüler. Alter: 16 Jahre.
Er ist 1,90 m groß und hat hellblonde Haare.

Alle im Gastraum können das hören. Jonas wird nervös. Die Beschreibung passt genau auf ihn! Schnell zieht er seine Mütze auf.

> Wieso suchen die nur mich? Was ist mit Lilly und Chris? Die sind dann sicher zurück auf der Fuchshütte. Mia hat bestimmt Angst. So ein … Wie kann ich das nur wieder gut machen?

Im Gastraum bleibt es ruhig. Außer Jonas und den Bergrettern sind noch vier andere Skifahrer in der Hütte. Alle sind müde und hungrig. Jonas bekommt seine Suppe. Eigentlich hat er keinen Appetit mehr.

Langsam versteht er, dass er großen Mist gebaut hat.

Jonas fühlt sich jetzt richtig schlecht. Dabei weiß er eigentlich genau, was er tun muss. Als Erstes schaltet er sein Handy wieder ein und schreibt eine Nachricht an Mia.

Mist bauen: etwas falsch machen

Jonas
Hey Sis, ich bin bei Onkel Willy auf der Almhütte.
Alles okay.

Mia antwortet nicht. Aber Toni Berger meldet sich über das Walkie-Talkie bei seinen Kollegen. Auf der Fuchshütte wissen sie also jetzt alle Bescheid. Das kann Jonas hören. Er zieht seine Mütze aus, steht auf und geht zum Tisch der Bergretter.

Die Bergretter sehen, dass Jonas ein schlechtes Gewissen hat. Keiner sagt etwas. Erst einmal.

Die Stille am Tisch macht es für Jonas nicht einfacher.

Einer der Männer schreibt etwas auf ein Stück Papier. Als er fertig ist, schiebt er Jonas den Zettel zu.

---

ein schlechtes Gewissen haben: genau wissen, dass man etwas Falsches getan hat

die Stille: man hört nichts

09

Kapitel 9: Dicke Luft

Das Telefonat mit seinem Biolehrer ist Jonas super peinlich. Und die Suchaktion der Bergrettung kostet richtig Geld.

Doch Jonas hat Glück. Er ist Schüler. Das heißt für ihn, er kann die Summe mit Sozialstunden bei der Bergrettung abarbeiten. So hat es Toni Berger mit seinen Teamkollegen besprochen.

Der Abend auf der Almhütte wird für Jonas ziemlich ungemütlich. Die Bergretter sind zwar nett, aber Jonas denkt immer wieder an Mia. Die Idee, dass er die Bergwachtjugend bei der Winterrettung unterstützen soll, kommt bestimmt von seiner Schwester.

---

dicke Luft: ugs. für: es gibt Ärger

die Summe: hier: das Geld

die Sozialstunde: für ein soziales Projekt arbeiten und kein Geld dafür bekommen

Jonas schreibt in den Gruppenchat. Doch seine Freunde antworten nicht.

Jonas
Hallo Leute, es tut mir echt leid. 😢

Jonas
Ich habe Mist gebaut. Sorry!!

Nichts passiert. Sie lassen ihn warten. Dann endlich schreibt Lilly.

Lilly
Mann, Jonas, was hast du dir nur dabei gedacht?
Mia ist total fertig. Ich kann sie kaum beruhigen.

Jonas
Ich weiß. Das war echt daneben.
Seid ihr mit den Messungen fertig?

Lilly
Nein, wir mussten aufhören. Der Wind war so stark,
Chris musste mich festhalten. Morgen geht es weiter.
Jetzt feiern wir hier erst mal. Wir sehen uns!

---

daneben: hier: nicht in Ordnung

Bestimmt sitzen die anderen bei Stockbrot und Feuerzangenbowle vor dem Kaminfeuer. Jonas denkt darüber nach, was Lilly über Chris geschrieben hat.

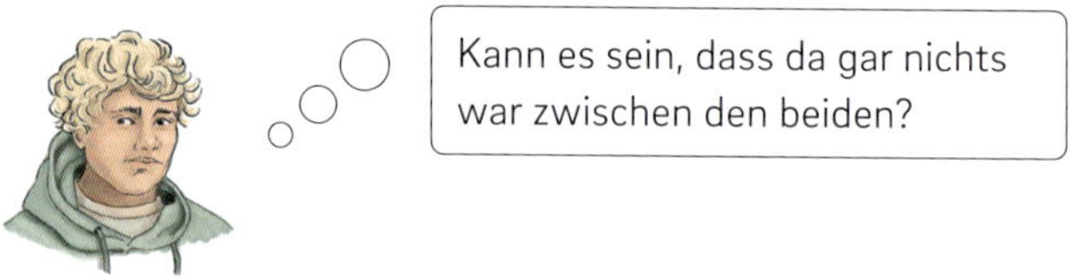

das Stockbrot: Brot, das über dem Feuer gebacken wird

die Feuerzangenbowle (ohne Alkohol): warmes Getränk aus Apfel-, Trauben- und Orangensaft

Kapitel 10: Alles wieder gut?

Mittwochmorgen. Das Wetter ist ideal. Auf der Fuchsspitze ist es jetzt wieder sonnig. Frau Brender stellt neue Teams zusammen.

Guten Morgen! Jonas kommt ja nicht zurück ... Mia, du arbeitest jetzt am besten mit Lilly weiter. Liv, du gehst mit Chris in Team 2. Herr Berger und ich sind dann Team 3.

Und mein Bruder?

Jonas soll später die Ergebnisse für die Klima-AG auswerten.

Dann werden die letzten Messungen durchgeführt. Mia hat sich noch immer nicht bei Jonas gemeldet. Aber dafür schreibt Jonas sich jetzt mit Liv.

Liv
Hey Jonas. Bin jetzt mit Chris im Team.
Und Lilly arbeitet mit Mia zusammen. Hoffentlich sind wir bald fertig.

---

ideal: perfekt

auswerten: zusammenstellen und bearbeiten

Jonas
Alles klar. Wie geht es meiner Sis?

Liv
Ganz okay, aber frag sie lieber selber.
Ich muss jetzt los ...

Mittwochnachmittag. Jonas sitzt im Warteraum der Talstation. Als er seine Freunde und die Lehrer in der Bergbahn sieht, wird ihm ganz komisch. Was wird Mia sagen?

Dann sieht er sie. Mia sieht ihn an und Jonas weiß, dass zwischen ihnen alles wieder gut wird.

Er geht mit schnellen Schritten auf seine Schwester zu. Erst wirft ihm Mia seinen Rucksack vor die Füße. Aber dann umarmt sie ihn. Keiner von ihnen sagt ein Wort.

Zu Hause quatschen die Zwillinge lange miteinander.

Mach das nie wieder! Mir ging es echt schlecht.
Wenn das unsere Eltern erfahren ...
Wir dürfen ihnen nichts sagen.

Versprochen. Es tut mir wirklich leid.
Aber ich war so sauer ... Und danke,
dass du Mama und Papa nichts sagst.

---

selber: hier: Jonas soll Mia fragen

komisch: hier: Jonas fühlt sich nicht gut

quatschen: lange miteinander reden, wenn man sich gut kennt

Sauer? Warum denn?

Na, weil Chris und Lilly ...
Aber egal.

Okay, dass muss ich
nicht verstehen, oder?

Ne, eigentlich nicht.

Ihre Eltern sind erstaunt, dass Jonas jetzt auch bei der Bergwachtjugend mitmacht. Aber sie fragen nicht weiter.

Liv und Chris helfen Jonas bei der Auswertung der Messungen. Dabei merkt Jonas, dass er Liv eigentlich auch ganz cool findet.

Mit ihrer Halbjahresarbeit zur Schneedeckenmessung gelingt der Klima-AG ein wichtiger Beitrag zur Klimaforschung. Alle bekommen die volle Punktzahl.

Im nächsten Winter will sich die Gruppe mit der Frage: Hat das Skifahren eine Zukunft? beschäftigen. Vielleicht fahren sie dann wieder gemeinsam zur Fuchshütte ...

---

gelingen: hier: machen

volle Punktzahl: Note 1, sehr gut

zu „Wer macht was?" und Kapitel 1

1. Was passt zu wem? Verbinde.

Liv

Chris

Mia

Jonas

Lilly

Iris Brender

Toni Berger

a ist bei der Bergwacht.
b liebt das Trickskifahren.
c ist Biologielehrer und Bergretter.
d skatet so oft er kann.
e ist Expertin im Biathlon.
f unterrichtet Natur und Technik.
g ist Juniorenmeister im Skispringen.

11 **2.** Bei Mia und Jonas zu Hause. Was ist richtig? Hör zu und kreuze an.

a Oberfuchstal liegt im Westen vom Bodensee. ○
b Mia und Jonas waren zusammen beim Bergwachttraining. ○
c Das Training war am Sonntag, weil da alle Zeit haben. ○
d Mia hat geübt, wie man nach einer Lawine hilft. ○
e Das Training ist gut gelaufen. ○

3. Nomen-Rätsel. Ordne zu und ergänze den bestimmten Artikel. Tipp: Alle Wörter stehen im Text.

a das Training: ....
b Hilfe bei Gefahr: ....
c ein Schneerutsch: ....
d ein Plan für das Training: ....
e Berge im Süden von Deutschland: ....
f Sport ist hier ein wichtiges Schulfach: ....

zu Kapitel 2

1. **Treffen der Klima-AG. Lies den Text auf Seite 9. Streiche durch, was falsch ist, und korrigiere dann die Fehler.**

   a Montagmorgen im Natur und Technik-Raum. Die ~~vier~~ Mitglieder der Klima-AG warten.
   fünf ....

   b Nur die Schulfreunde fehlen noch.
   ....

   c Iris Brender ist Biologielehrerin.
   ....

   d Heute wollen sie über den Klassenausflug sprechen.
   ....

2. **Wer sagt oder denkt was? Verbinde.**

a	B&B? Wer soll das sein?	1	Lilly
b	Super. Lilly und ich in einem Team ...	2	Jonas
c	Mit Chris wird das bestimmt super.	3	Liv
d	Ich bin gespannt, was B&B uns gleich erzählen.	4	Chris

12 3. **Das Klima-Projekt. Hör zu und ergänze die Verben in der richtigen Form.**

   a Auf dem Lehrplan .... Schnee- und Lawinenkunde.

   b Deshalb .... die Klima-AG eine zweitägige Exkursion zur Fuchshütte.

   c Die Schülerinnen und Schüler werden die Schneedecke ....

   d Die Ergebnisse .... dann das Thema für die Jahresarbeit.

zu Kapitel 3

1. Treffen an der Talstation. Lies den Text auf Seite 12. Was passt in die Lücken? Kreuze an.

a In der Nacht hat es
- ○ geregnet. ○ geschneit. ○ gestürmt.

b Das Wetter ist
- ○ schlecht. ○ gut. ○ okay.

c Pünktlich um ... startet die Bergfahrt.
- ○ 8.30 Uhr. ○ 8.00 Uhr. ○ 9.00 Uhr.

13 **2. Fünf Freunde. Wer möchte gern neben wem sitzen? Hör zu und schreib ein paar Sätze.**

Jonas und Mia möchten gern ....

....

....

....

3. Was bedeutet das? Kreuze an.

a Chris liebt das Klima-Projekt.
1 ○ Er ist verliebt.
2 ○ Er interessiert sich sehr für das Projekt.
3 ○ Er möchte mehr über das Projekt wissen.

b Die Fuchshütte liegt nur wenige Meter neben der Bergstation.
1 ○ Die Fuchshütte ist weit weg von der Bergstation.
2 ○ Die Fuchshütte ist ganz in der Nähe der Bergstation.
3 ○ Die Fuchshütte ist zehn Meter neben der Bergstation.

1. **Frau Brender stellt das Projekt vor. Ergänze die Verben.**

ausheben • lassen • messen • wiegen

Ihr werdet an drei Messpunkten mit einer Schaufel eine bestimmte Menge Schnee .... (a) und dann .... (b). So .... (c) sich später die einzelnen Schichten der Schneedecke .... (d).

2. **Wer sagt was? Kreuze an.**

a Und mit was messen wir?
   ○ Liv ○ Lilly ○ Chris

b Mit digitaler Technik.
   ○ Chris ○ Frau Brender ○ Toni Berger

c Aber zuerst markiert Frau Brender die Routen.
   ○ Mia ○ Jonas ○ Toni Berger

d Cool. Wann geht's los?
   ○ Lilly ○ Chris ○ Mia

3. **Wie heißen die wichtigsten Regeln am Berg? Was sagt Mia? Lies auf Seite 16. Korrigiere die Sätze.**

a Auf dem Weg und ~~in der Gruppe~~ zusammenbleiben.
   im Team

b Warme und wasserdichte Kleidung anziehen.
   ....

c Den Lawinenpiepser LVS am Rucksack festmachen.
   ....

d Handy einpacken.
   ....

e Die Messpunkte nicht verlassen.
   ....

4. Die Exkursion beginnt. Was ist richtig? Kreuze an.

a Es gibt ... Messpunkte.
○ zwei ○ drei ○ vier

b Weiter oben am Berg ist eine Gruppe ...
○ Schüler ○ Bergretter ○ Tourengeher

c Die Jugendlichen ziehen ihre ... an.
○ Rucksäcke ○ Hausschuhe ○ Schneekleidung

zu Kapitel 5

14 **1.** Was sollen die Teams mit dem Messstab machen? Hör zu und ergänze die Lücken im Text. Achte auf die richtige Verbform!

a Sie sollen den Messstab ungefähr einen Meter in den Schnee ....

b Dann sollen sie den Stab vorsichtig aus dem Schnee ....

c Danach sollen sie den Stab zur Messstation ....

2. Die Schneedeckenmessung. Finde sieben Nomen, markiere sie und ergänze den richtigen Artikel.
Wo ist die Messstation? Finde den Namen und notiere ihn mit dem richtigen Artikel.

Q	F	S	C	H	N	E	E	F	F
U	L	A	N	Z	P	O	N	U	U
A	B	S	A	M	E	W	X	C	C
D	R	S	G	E	W	I	C	H	T
R	A	A	T	T	I	T	R	S	S
A	P	S	M	E	N	G	E	H	H
T	X	Z	V	R	L	E	E	Ü	Ü
M	E	S	S	S	T	A	B	T	T
Q	B	I	V	N	E	G	D	T	E
Z	E	S	C	H	A	U	F	E	L

der Messstab, ...

....

....

....

....

....

....

....

3. Was verteilt Toni Berger an jedes Team? Kreuze an.

a ○ eine Route
b ○ einen Eimer
c ○ eine Schaufel
d ○ ein Walkie-Talkie
e ○ einen Messstab

zu Kapitel 6

15 1. Das Wetter ändert sich. Hör zu und sortiere das Gespräch.

a ○ Alle sofort zum Treffpunkt.
b ○ Team 1 und 2.
c ○ Ich wiederhole:
d ○ Achtung, Achtung:
e ○ Wo bleibt ihr?
f ○ Chris und Lilly!

2. Finde das Gegenteil der Adjektive. Die Wörter im Kasten helfen dir.

froh • klein • langsam • leise • nah • ruhig • schwach • sonnig

a laut	e neblig ....
b groß	f schnell ....
c weit	g nervös ....
d stark	h wütend ....

3. Jonas fährt los. Was ist richtig? Kreuze an.

a Jonas ist sauer auf Chris. ○
b Mia möchte, dass Jonas fährt. ○
c Die anderen merken, dass Jonas wegfährt. ○

d Das Wetter wird noch schlechter. ○
e Jonas kennt sich in den Bergen nicht aus. ○
f Lilly und Chris sind beim Messpunkt 1. ○
g Jonas spricht mit Chris und Lilly. ○

4. Was sieht Jonas an der Messstation? Was glaubst du: Wie fühlt Jonas sich? Schreibe ein paar Sätze.

Jonas sieht ....

....

....

....

5. Lilly und Chris. Was ist wirklich passiert? Ergänze die Artikel und verbinde.

1 .... Nebel
2 .... Wind
3 .... Walkie-Talkie

a wird immer stärker.
b haben sie nicht gehört.
c war so stark, dass sie sich aneinander festhalten mussten.

zu Kapitel 7

1. Jonas ist weg. Wer spricht? Schreibe (M) Mia, L (Lilly), C (Chris), B (Frau Brender), TB (Toni Berger).

a ..... Wo ist mein Bruder?
b ..... Warum habt ihr nicht geantwortet?
c ..... Echt? Er ist aber nicht gekommen.
d ..... Keine Ahnung. Wieso?
e ..... Da stimmt was nicht.
f ..... Jonas wollte euch holen.
g ..... Sein Handy ist aus.
h ..... Wieso ist er einfach losgefahren?

2. Die Suche nach Jonas. Ergänze.

ab • Berg • bre • che • chen • fähr • ge • gen • Kol • La • le • lich • Mess • Mi • ne • nu • pas • punkt • siert • Sp • Su • ten • ur • wacht • wi

a Toni Berger informiert seine .... von der ....

b Wahrscheinlich haben Tourengeher die .... losgetreten.

c Das .... öfter.

d Ein paar .... später sind sie schon auf der .... nach Jonas.

e Von Jonas fehlt weiter jede ....

f An .... 1 ist niemand.

g Auch für die Bergretter wird es zu ....

h Sie müssen die Suche ....

16 3. Was macht Jonas? Hör zu und kreuze an.

a ○ Er zählt sein Geld.

b ○ Er zieht seinen Anorak an.

c ○ Er spricht mit Onkel Willy.

d ○ Er wartet auf eine heiße Suppe.

e ○ Er sitzt im Gastraum der Almhütte.

4. Warum kommen die Bergretter in die Almhütte?
Lies den Text auf Seite 25–26. Schreibe ein paar Sätze.

Die Bergretter kommen in die Almhütte, weil ....

....

....

....

zu Kapitel 8

1. In der Almhütte. Lies den Text auf Seite 27. Was ist richtig? Kreuze an.

a Die Bergretterzentrale gibt eine Personenbeschreibung durch. ○
b Jonas merkt: Die Beschreibung passt nicht auf ihn. ○
c Er möchte nicht, dass ihn jemand sieht. ○
d Jonas ist immer noch hungrig. ○
e Er versteht, dass er etwas Falsches gemacht hat. ○
f Jonas schaltet sein Handy ein und schreibt an Mia. ○

17 2. Was denkt Jonas? Hör zu und ergänze die Fragewörter und Nomen.

…… (a) suchen die nur mich? …… (b) ist mit Lilly und Chris? Die sind dann sicher zurück am …… (c). Mia hat bestimmt …… (d). …… (e) kann ich das nur wieder gut machen?

3. Was passiert als nächstes? Sortiere die Wörter und schreibe die Antworten.

a Was macht Jonas?

……

Jonas • eine Nachricht • Mia • schreibt • an

b Wer meldet sich bei der Bergrettung?

……

meldet • Toni Berger • sich • über • das Walkie-Talkie

c Was macht Mia?

antwortet • Mia • nicht

d Was machen die Bergretter?

sagt • Keiner • etwas

e Was macht einer der Männer?

schreibt • Er • einen Zettel • etwas • auf

4. Warum sagt keiner etwas? Was schreibt der Bergretter auf den Zettel? Lies den Text auf Seite 29 und schreibe ein paar Sätze.

zu Kapitel 9

18 1. Neue Nachrichten für Jonas. Was ist richtig? Hör zu und kreuze an.

a Jonas soll auf der Almhütte arbeiten. ○
b Jonas soll zur Fuchshütte hochkommen. ○
c Jonas soll zweihundert Euro an die Klima-AG zahlen. ○
d Jonas soll ins Tal abfahren. ○
e Jonas kann die Summe mit Sozialstunden abarbeiten. ○

2. **Lilly und Jonas. Lies den Chat auf Seite 31. In jeden Satz sind zwei Fehler. Korrigiere.**

a ~~Hallo~~, Jonas, was hast du dir nur dabei überlegt?
Mann ....

b Mia ist total happy. Ich kann sie gut beruhigen.
....

c Ich verstehe. Das war echt okay.
....

d Seid ihr mit den Vorbereitungen soweit?
....

3. **Lilly und Chris. Was ist richtig? Kreuze an.**

a Sie sind mit den Messungen noch nicht fertig. ○
b Der Wind war zu schwach. ○
c Chris musste Lilly festhalten. ○
d Lilly musste Chris festhalten. ○
e Es kann sein, dass zwischen den beiden nichts war. ○

4. **Mia und Jonas. Warum antwortet sie ihm nicht? Was glaubst du? Schreib ein paar Sätze.**

....
....
....
....

1. **Neue Teampartner. Wer arbeitet mit wem? Kreuze an.**

a ○ Liv geht mit Lilly in ein Team.
b ○ Frau Brender und Herr Berger sind in einem Team.
c ○ Chris und Mia sind in einem Team.
d ○ Lilly und Mia arbeiten in einem Team.
e ○ Herr Berger und Mia arbeiten zusammen.

19 2. **Jonas und Mia. Hör zu und ergänze die Nomen.**

a Jonas sitzt im .... der ....
b Als er seine .... und die .... sieht, wird ihm ganz komisch.
c Jonas geht mit schnellen .... auf seine .... zu.
d Mia wirft ihm seinen .... vor die ....
e Zu Hause quatschen die .... lange miteinander.

3. **Wer sagt was? Schreibe (M) Mia oder J (Jonas).**

a ...... Mach das nie wieder!
b ...... Es tut mir wirklich leid.
c ...... Das muss ich nicht verstehen, oder?
d ...... Aber ich war so sauer ...
e ...... Mir ging es echt schlecht.
f ...... Danke, dass du Mama und Papa nichts sagst.

LÖSUNGEN

Kapitel 1
1. a Mia, b Lilly, c Toni Berger, d Chris, e Liv, f Iris Brender, g Jonas
2. c, d, e
3. a das Übungstreffen, b die Rettung, c die Lawine, d das Programm, e die Alpen, f die Sportschule

Kapitel 2
1. b ~~Schulfreunde~~ Lehrer, c ~~Biologielehrerin~~ Physiklehrerin, d ~~den Klassenausflug~~ das Klima-Projekt
2. a 3, b 2, c 1, d 4
3. a stehen, b macht, c messen, d sind

Kapitel 3
1. a geschneit, b gut, c 9.00 Uhr
2. *Lösungsvorschlag:* Jonas und Mia möchten gern neben Lilly sitzen. Lilly möchte gern neben Chris sitzen. Liv möchte gern neben Jonas sitzen.
3. a 2, b 2

Kapitel 4
1. a ausheben, b wiegen, c lassen, d messen
2. a Chris, b Frau Brender, c Toni Berger, d Chris
3. b ~~wasserdichte~~ winddichte, c ~~Rucksack~~ Anorak, d ~~Handy~~ Walkie-Talkie, e ~~Messpunkte~~ Routen
4. a drei, b Tourengeher, c Schneekleidung

Kapitel 5
1. a drehen, b ziehen, c bringen
2. *waagrecht:* der Schnee, das Gewicht, die Menge, der Messstab, die Schaufel; *senkrecht:* das Quadrat, der Meter; *Messstation:* die Fuchshütte
3. c, e

Kapitel 6
1. a 4, b 2, c 3, d 1, e 6, f 5
2. a leise, b klein, c nah, d schwach, e sonnig, f langsam, g ruhig, h froh
3. a, d, f
4. *Lösungsvorschlag:* Jonas sieht Lilly und Chris. Chris hat einen Arm um Lilly gelegt. Jonas denkt, dass sie sich gleich küssen / dass sie sich zu gut verstehen. Er ist wütend, weil er Lilly selber gern mag.
5. 1 a Der, 2 c Der, 3 b Das

Kapitel 7
1. a M, b B, c L, d C, e M, f M, g TB, h TB
2. a Kollegen, Bergwacht, b Lawine, c passiert, d Minuten, Suche, e Spur, f Messpunkt, g gefährlich, h abbrechen
3. a, e
4. *Lösungsvorschlag:* Die Bergretter kommen in die Almhütte, weil das Wetter immer schlechter wird und sie die Suche abbrechen müssen / weil die Almhütte in der Nähe ist und sie dort Station machen wollen, bis sich das Wetter beruhigt hat.

Kapitel 8
1. a, c, e, f
2. a Wieso, b Was, c Treffpunkt, d Angst, e Wie
3. a Jonas schreibt eine Nachricht an Mia. b Toni Berger meldet sich über das Walkie-Talkie. c Mia antwortet nicht. d Keiner sagt etwas. e Er schreibt etwas auf einen Zettel.
4. *Lösungsvorschlag:* Keiner sagt etwas, weil die Bergretter wütend auf Jonas sind. Der Bergretter schreibt / Auf dem Zettel steht: Ruf deinen Lehrer an. / Der Einsatz kostet ... €

Kapitel 9
1. d, e
2. a ~~überlegt~~ gedacht, b ~~happy~~ fertig, ~~gut~~ kaum, c ~~verstehe~~ weiß, ~~okay~~ daneben, d ~~Vorbereitungen~~ Messungen, ~~soweit~~ fertig
3. a, c, e
4. *Lösungsvorschlag:* Mia antwortet Jonas nicht, weil sie Angst hatte und wütend auf ihn ist / weil sie total fertig ist.

Kapitel 10
1. b, d
2. a Warteraum, Talstation, b Freunde, Lehrer, c Schritten, Schwester, d Rucksack, Füße, e Zwillinge
3. a M, b J, c M, d J, e M, f J